© 2015 Verena Prym
Alle Rechte vorbehalten
ISBN 978-3-00-051349-7

Stadt-ABC

Die Stadt steht still und du entdeckst

Idee und Text: Verena Prym
Fotos: Eva Wunderlich

Liebe Kinder, liebe Erwachsene!

Dieses Buch haben wir für euch gemacht, damit ihr seht, wie viele tolle Dinge es in der Stadt zu entdecken gibt, an denen sich das Alphabet lernen lässt. Ihr müsst einfach nur besonders gut die Augen offenhalten und die Ohren spitzen.

Wichtig sind nur zwei Dinge:

Die Aussprache der Buchstaben

Bitte die einzelnen Buchstaben nur anlauten. Beim Anlauten spricht man das P nur als P aus und nicht als Pe, ein Z wird als Ts ausgesprochen und ein T als T. So fällt später das Lesen lernen leichter, denn dabei werden die einzelnen Laute einfach zusammengesetzt.

Das Suchspiel

Jedes Foto stellt euch einen Buchstaben vor. Sprecht ihn ruhig einige Male laut aus, damit sich eure Zunge und Ohren an die Aussprache und den Klang gewöhnen.

Dann geht es los! Ihr dürft das Foto genau absuchen. Denn in jedem Bild ist mindestens ein weiterer Gegenstand versteckt, der mit dem vorgestellten Buchstaben beginnt! Die Lösungen findet ihr hinten im Buch. Doch vergesst nicht: Ausprobieren ist spannender als nachsehen. Vielleicht entdeckst du sogar mehr als Mama und Papa oder Oma und Opa?

Wir wünschen Euch ganz viel Spaß mit dem Stadt-ABC!

Auto

In einer Stadt ist immer was los, vor allem auf den Straßen. Jeden Tag fahren tausende Fahrzeuge umher: Busse, Lastwagen, Motorräder, Fahrräder und Autos, viele Autos. Dieses Auto ist bestimmt schon älter als dein Papa, nämlich 60 Jahre. Und es fährt noch immer ganz prima!

Findest du noch etwas, das mit A beginnt?

Brücke

Brücken sind kunstvolle Bauwerke. Sie verbinden Wege, Straßen oder ganze Stadtteile miteinander.
In jeder Stadt gibt es Brücken: große, kleine, schmale, breite, alte und neue.

Am schönsten aber sind die Brücken, die übers Wasser führen. Findest du nicht auch?
Entdeckst du noch etwas, das mit B beginnt?

Container

Alte Glasflaschen und Plastikverpackungen können wiederverwertet werden, wenn sie an einer Sammelstelle in die richtigen Container geworfen werden. Und weil es so schön scheppert, wenn man die Flaschen einwirft, darf man das nur zu bestimmten Zeiten tun.

Denkmal

Ein Denkmal erinnert an einen Menschen, der Außergewöhnliches vollbracht hat. Entweder war er besonders schlau oder mutig oder fantasievoll oder erfinderisch. Was er zu Lebzeiten tat, hat über seinen Tod hinaus eine Bedeutung für uns.

Efeu

Der Efeu ist eine Kletterpflanze, die an Häusern emporrankt und sie einhüllt wie ein großer grüner Mantel. Viele Vögel, Käfer und andere kleine Tiere finden Unterschlupf zwischen seinen Blättern.
Manchmal hörst du die Spatzen zwitschern.

Flughafen

Wenn du mit deinen Eltern in den Urlaub fliegst, geht es zuerst zum Flughafen. Denn dort starten und landen die Flugzeuge, die die Städte und Länder der Welt miteinander verbinden. Jeden Tag über hundert Stück! Und alle müssen rangiert, betankt, beladen und entladen werden. Es ist wirklich eine Menge los auf einem Flughafen.

Gerüst

Wenn ein Haus renoviert oder neu angestrichen wird, bauen Arbeiter ein hohes Gerüst an der Hausfassade auf. Der Gehweg bleibt frei und du kannst einfach unter dem Gerüst durchlaufen. Das ist ein bisschen so, wie durch einen Tunnel zu gehen.

Hochhaus

Ein Hochhaus ist ein Gebäude mit vielen Geschossen, in denen sehr viele Menschen leben oder arbeiten können. Manche Hochhäuser sind sogar so hoch, dass man sie Wolkenkratzer nennt. Kannst du dir vorstellen, morgens im 40. Stock aufzuwachen?

Imbissbude

Eine Erkundungstour durch die Stadt kann sehr hungrig oder durstig machen. Da ist eine Imbissbude genau das, wonach du Ausschau halten solltest! Dort gibt es leckeres Eis, Snacks, Getränke und andere Erfrischungen.

Japanisches Restaurant

In der Stadt gibt es viele verschiedene Restaurants. Italienische, türkische, griechische, deutsche, indonesische ... die Liste ist lang. Am lustigsten ist es beim Japaner. Dort darf man laut schlürfen und mit Stäbchen Sushi essen oder die Nudeln aus der Suppe fischen. Einfach herrlich!

Krankenwagen

Verletzte müssen zügig in ein Krankenhaus gebracht werden. Deshalb fahren Sanitäter sie im Krankenwagen besonders schnell dorthin. Wenn andere Autofahrer das Blaulicht sehen oder das Martinshorn hören, machen sie Platz für den Krankenwagen.

Löwe

Steinlöwen sehen kolossal und mächtig aus, sind aber handzahm. Ein großer Vorteil in einer Stadt, in der viele Menschen unterwegs sind. Sieh dir den stummen Kerl ruhig genau an, er wird dich garantiert nicht fressen. Eigentlich eine schlaue Sache, so ein Löwe aus Stein.

Müllauto

In der Früh, wenn die Stadt erwacht und viele Menschen sich auf den Weg zur Arbeit machen, rattert und rumpelt es schon durch die Straßen, das Müllauto. Männer in leuchtender Kleidung hängen hinten die Mülltonnen ein und alles, was auf die Müllkippe gehört, verschwindet im riesigen Schlund. Zurück bleiben nur die leeren Mülltonnen.

Neonlicht

Wenn sich die Nacht über die Stadt senkt, verändert diese ihr Gesicht. Beleuchtungen und Straßenlaternen, die am Tag ausgeschaltet sind, erstrahlen mit einem Mal und tauchen Gebäude und Straßen in ein buntes Farbenmeer. Dieses Haus leuchtet in kunstvollem Neonlicht.

Obststand

Vitamine sind gut und lebenswichtig für den Körper, das ist bekannt. Aber wusstest du, dass es richtig Spaß macht, die leckersten Vitaminspender selbst auszusuchen? Beim Obststand kannst du auch mal eine exotische Frucht probieren wie eine Kaki oder eine Sternfrucht. So ein kleiner Stern im Bauch tut bestimmt gut!

Polizei

Wer antwortet unter der Telefonnummer 110?
Richtig, die Polizei!
In jeder Stadt gibt es Polizeiwachen. Dort arbeiten Polizistinnen und Polizisten.

Sie sorgen für Recht und Ordnung in der Stadt.
Natürlich hilft die Polizei auch, wenn Gefahr droht oder ein Unfall passiert ist.
Dann kommt sie mit Blaulicht und lauter Sirene herbeigefahren.

Quadrat

Die Stadt steckt voller Formen. Diese Gebäudeseite, zum Beispiel, ist ein Quadrat; alle vier Kanten sind genau gleich lang. Wenn du um das Gebäude herumgehst, entdeckst du, dass es ein riesiger Würfel ist. Die Fenster hingegen sind rechteckig und der Ball ist …? Im Bild ist noch eine weitere Form versteckt, die mit Q beginnt. Findest du sie?

Radweg

Bis zu deinem 8. Geburtstag darfst du mit dem Fahrrad oder Roller nur auf dem Gehweg fahren. Danach aber gehörst du endlich zu den Großen und du kannst mit dem Fahrrad auf dem Radweg fahren. Wenn du die Verkehrsregeln beachtest und einen Helm trägst, bist du sicher unterwegs.

Am besten fährst du erst mal mit Mama oder Papa, die dir alles genau erklären. Mit deinem Roller bleibst du aber bitte immer auf dem Gehweg, denn der Radweg ist nur für Radfahrer da.

Säulen

Säulen sind Bauelemente, die schon die alten Ägypter vor 4000 Jahren verwendeten. Sie entdeckten ihren großen Vorteil: Säulen aus Metall, Holz, Ziegel oder Stein können das Gewicht der Decke tragen und so ganze Wände ersetzen. Dadurch entstehen herrliche Gewölbe, unter denen man vor Sonne und Regen geschützt ist und gemütlich sitzen kann.

Turm

Türme sind Bauwerke, die andere Häuser überragen und die man von Weitem sehen kann. Von oben bietet ein Turm einen fantastischen Blick auf die Stadt; von unten meint man, er kitzelt dem Himmel den blauen Bauch.

U-Bahn

Tief unterhalb der Straßen und Häuser der Stadt fährt die Untergrundbahn. Sie heißt so, weil ihr Schienennetz unter der Erde liegt.
Alle Leute nennen sie kurz U-Bahn.
Die U-Bahn verbindet durch riesige Tunnel hindurch Stationen miteinander. In einer U-Bahn-Station kannst du bequem auf die richtige U-Bahn warten. Wenn sie endlich einfährt, dann rauscht es wie bei einem Windstoß.

Verkehrsschild

Ohne Verkehrsschilder gäbe es ein Verkehrschaos, weil jeder etwas anderes für richtig halten würde. Daher zeigen Verkehrsschilder die Regeln. Für jede Regel gibt es ein anderes Schild. Dieses hier bedeutet erstens „Achtung, die Fahrzeuge auf der kreuzenden Straße haben Vorfahrt" und zweitens „Hier endet eine Kurzparkzone".

Weihnachtsmarkt

Was findest du am schönsten auf einem Weihnachtsmarkt? Sind es die Buden mit den köstlichen Süßigkeiten und Bratwürstchen? Oder die mit den bunten Spielsachen? Oder sind es die Lichter, die immer zauberhafter funkeln, je dunkler es rundherum wird?

Xylophon

Ein Xylophon ist ein tolles Instrument. Es passt in jeden Rucksack, ist leicht zu spielen und hat einen wunderbaren Klang. Frag doch deine Freunde, ob sie auch ein Instrument haben und mit dir Musik machen wollen, dann habt ihr vielleicht bald die beste Band der Stadt zusammen!

Yoga

Wenn im Stadtpark plötzlich Menschen anfangen, sich merkwürdig zu verbiegen, dann nennt man das Yoga. Yoga ist wie langsames Turnen; sehr entspannend, sagen die Erwachsenen. Aber weil du es wahrscheinlich lieber spannend magst, nimmst du am besten eine Decke mit in den Park und dein Lieblingsspielzeug. Mit ein bisschen Fantasie kannst du zwischen den Bäumen hindurch schon das Meer glitzern sehen.

Zebrastreifen

Egal, ob du groß bist oder klein, allein oder mit deinen Eltern unterwegs: Wenn du eine Straße überqueren möchtest, halte Ausschau nach einem Zebrastreifen.
Die weiße Markierung auf der Straße und das blaue Schild signalisieren: Achtung! Hier möchte jemand sicher von einer Straßenseite auf die andere wechseln.
Nette Autofahrerinnen und -fahrer halten an, wenn sie sehen, dass du über die Straße gehen möchtest. Erst, wenn sie wirklich stehen, läufst du los. Versprochen?

Jetzt hast du alle 26 Buchstaben des Alphabets kennengelernt. Du bist ein richtiger ABC-Profi geworden. Wenn du in deiner Stadt die Augen offen hältst, siehst du bestimmt noch viel mehr Dinge, die mit einem der 26 Buchstaben beginnen. Viel Spaß dabei!

Lösungen

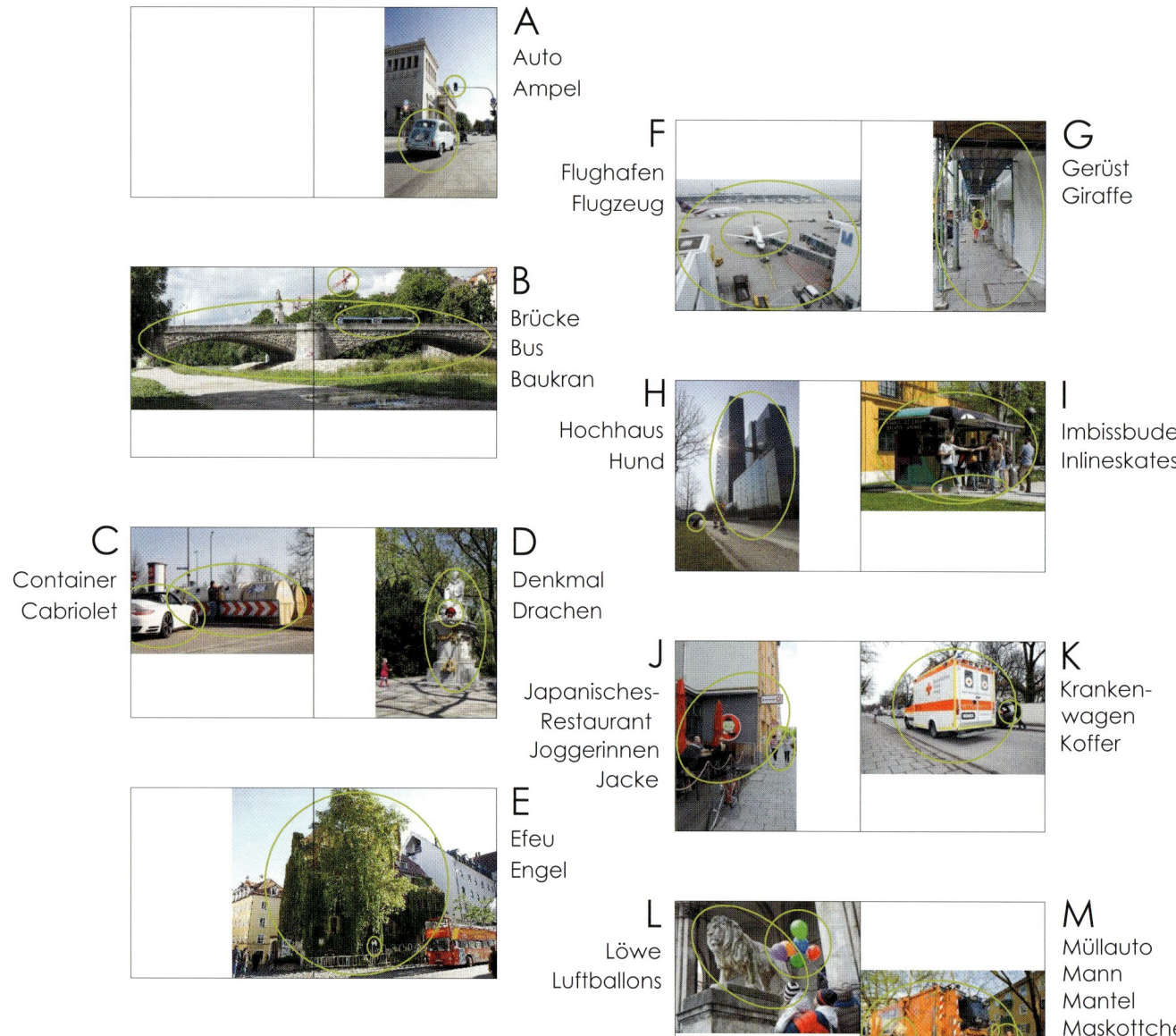

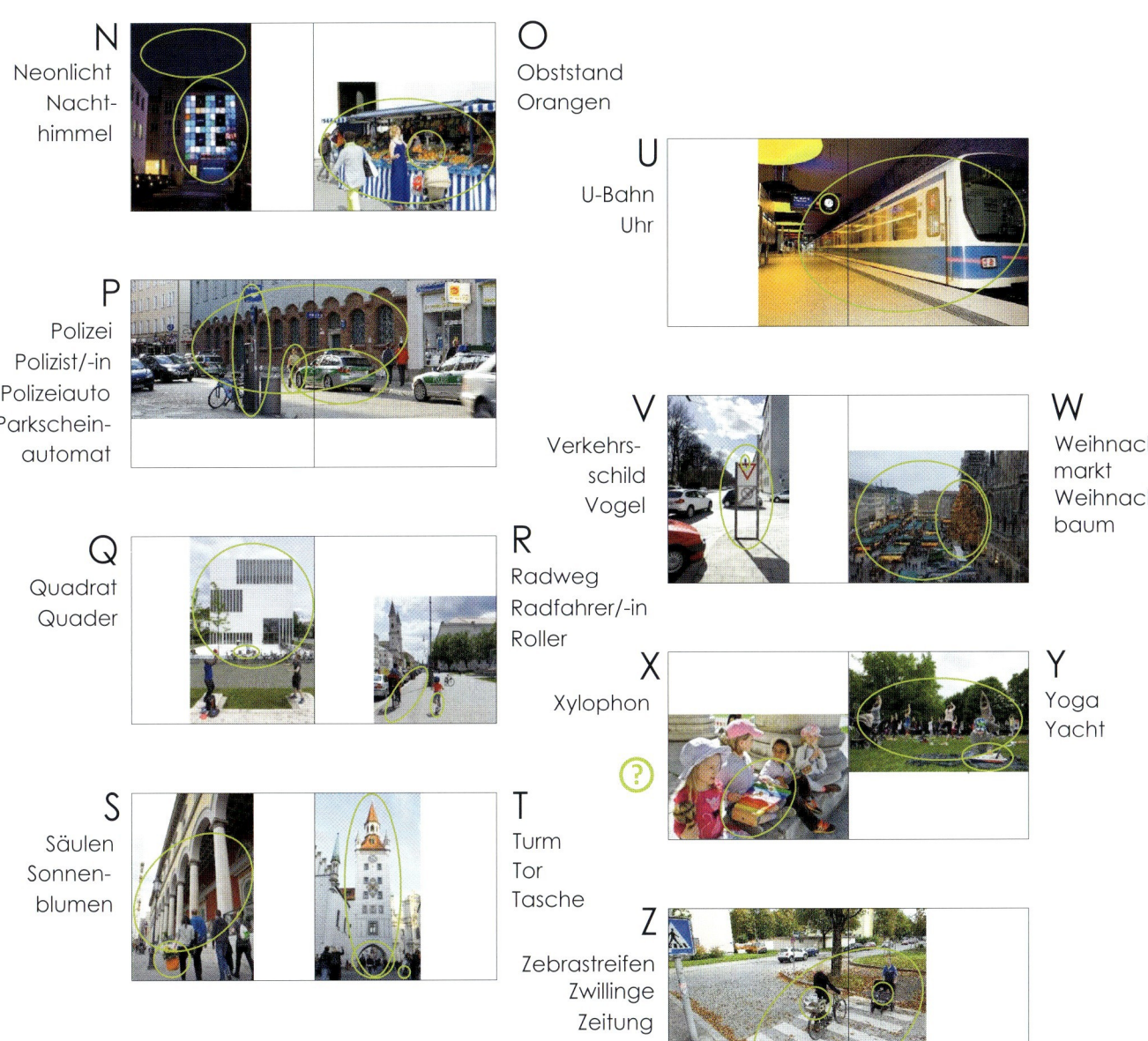

Verena Prym
Eva Wunderlich

Wir arbeiten im Team und haben zusammengerechnet fünf Kinder, einen Hund, sechs Kameras und eine Menge Ideen. Außerdem lieben wir es, in der Stadt zu leben und immer Neues zu entdecken. Wir wünschen euch, dass ihr so viel Freude an Menschen und Dingen habt wie wir.